무장해제

무장해제

송의호 시조집

문학저널

시인의 말 ────────────────────────

　신문사에서 기자로 32년을 보냈다. 그곳에서 우리는 세상 사람이 관심 있는 일의 핵심을 빠르고 쉽게 전하는 글쓰기를 거듭했다. 활자화된 글은 다음날 다른 신문과 비교돼 바로 평가를 받았다. 그런 직업 글쓰기를 하면서 우리는 기자가 가장 치열한 글쟁이라고 믿었다.
　그때 우리에게 문학 특히 시 쓰기는 여유와 낭만을 구가하는 사치스러운 글쓰기로 받아들여졌다. 어떤 기사의 사실이 분명치 않으면 "지금 시 쓰고 있나"라는 질책을 데스크로부터 들었던 기억이 남아 있다. 그래서 신문에 실리는 기사·칼럼 등을 최고의 글로 보았다. 〈논어〉에서 공자는 "사달(辭達而已矣)"이라고 한다. 글이란 뜻이 통하면 그만이다. 그동안 기사를 쓰다가 막히면 떠올린 불후의 문장론이다. 글은 기사처럼 소통이 가장 중요하다고 보았다.

신문사에서 정년을 마치고 시간에 쫓기는 글에서 조금은 자유로워졌다. 그때부터 대학에서 전공한 문학을 돌아보며 일이 아닌 문학 본령의 높은 봉우리, 창작을 떠올렸다. 선현들 문집을 넘길 때마다 언제나 맨 먼저 시가 나왔다. 문(文)은 그만큼 시가 중요하다는 뜻일 게다. 시가 문학의 전부라는 말을 하는 이도 있다. 시는 글을 써오면서 내게 가장 크게 비어 있던 장르였다. 시 창작이야 당연히 타고나는 것이 우선이겠지만 그래도 이걸 공부라도 하고 가야 글 쓰는 사람의 기본은 할 것으로 보았다.

4년째 시 가운데도 시조라는 민족 장르로 용감한 여행을 하는 이유다. 가지 않은 길을 나아가며 때로 잘 나섰다 싶다가도 너무 무모하게 발을 들여놓은 건 아닌지 두렵기도 하다. 그러면서 창작은 기사 글과는 전혀 다른 갈래임을 새삼 깨닫는다.

내가 나선 시조의 길이 어디로 향하고 있는지 또 어디쯤 가고 있는지 그 힌트를 얻을 지도가 다시 떠올랐다. 이리저리 걸어간 궤적이 나침반이 될지도 모른다는 믿음으로.

올해는 시인이 중앙일보에 수습기자로 입사한 지

40년이 되는 해다. 기사로 우리 사회를 바로잡는 글을 쓰기 위해 분투했던 동기들을 떠올린다. 또 시조를 같이 공부하며 끊임없이 자극을 준 문우들에게 고마움을 전한다. 마지막으로 글을 배우지 못한 채 평생 가족을 위해 헌신하신 세상을 떠난 어머니에게 이 시조집을 바친다.

2025년 8월

솔뫼 宋義鎬

차례

시인의 말

1부

붉은 사과의 꿈 / 16

종이 / 17

솔의 참형 / 18

그라운드 단풍 / 19

아파트 재건축 / 20

흙의 하소연 / 21

갈암葛庵 / 22

용문사 은행나무잎 / 23

청려장 / 24

사라진 산길 / 25

낮닭 / 26

겨울 팔공산 / 27

요수樂水 / 28

상대성 이론 / 29

선비의 자격 / 30

스프링 / 31

토정 / 32
불 바람 / 33
매월당 / 34
그래도 / 35

2부

옷이 걸치는 말 / 38
아라홍련 / 39
하늘 운동장 / 40
관성 / 41
증 공조판서 / 42
안동향교 / 43
봄 눈 / 44
포클레인 / 45
서애 / 46
회혼回婚 / 47
그날의 물집 / 49
1000주년 / 50

풀 한 포기 / 51

밥상 앞에서 / 52

구두 / 53

약혼식 / 54

서가 감실 / 55

먼옷 / 56

안부 전화 / 57

내려앉는 계절 / 58

3부

멍 / 60

조락 / 61

밤 놀이터 / 62

관어대觀魚臺 / 63

웨딩 마치 / 64

학봉鶴峯 / 65

무장해제 / 66

나무 심기 / 67

기우 / 68

물 빠진 나루 / 69

처음처럼 / 70

벚꽃 엔딩 / 71

우쭐우쭐 / 73

생전예수재 / 74

수명 연장 가설 / 75

비명 / 76

고산 / 78

분가 / 79

알렉산더 두상 / 80

노을 멍때리기 / 81

4부

가을 햇살 / 84

때로 난간에서 / 85

퇴계언행록 / 87

나목 / 88

솜털 구름 / 89

동병상련 / 90

북망산천   / 91

관례冠禮 / 92

중재 / 94

눈치 / 96

기정記情 / 97

설날 / 99

눈 뜨고도 / 100

출석 / 101

걷는 게 어렵다며 / 102

1963 토끼 / 103

그들에겐 쉬운 것 / 105

삼일절 태극기 / 106

맨발의 청춘 / 107

5부

유유상종 / 110

허상 / 111
유혹 / 112
쇠제비갈매기 / 113
가산 공룡 / 115
싸움의 기술 / 116
작설 / 117
노심초사 / 118
정재 / 119
현이 아빠 / 120
세 잎 클로버 / 121
3호선 맨 뒷자리 / 122
맨발 백병전 / 123
우양산 / 124
진흥왕 척경비 / 125
단재 / 126
홍시 / 127
하하하 해해해 / 128
소의 껌벅거림 / 129
264 / 130

해설
가족과 당대를 향한 사랑, 그 웅숭깊은 서정 세계 / 131

시조집 발간에 부치는 글
아름다운 성숙 / 159

1부

붉은 사과의 꿈

야수를 기다리며 저마다 단장했다

나를 맛있게 먹고 씨앗만 배설해 줘

땅속에 깊이 묻혀서 꽃 피울 꿈 좀 꾸게

종이

슥! 스치고 지나가도 엄지의 등을 베니
백지도 수틀리면 존재감을 드러낸다

연약한
가운데 숨은
예리의 그 결기!

솔의 참형

사시사철 불침번 도산서당 백년송
대형 산불 번지며 불쏘시개 누명에
절우사節友社* 매화 대나무 바람을 지목하네

들어라 솔 송진이 잘 타기는 하지만
강풍 없이 혼자서 불 키운 적 없거늘
바람이 억울하다면 건조가 공범이라

소나무는 죄가 없다 아무리 변론해도
문화유산 위급하다 모조리 베어져
그 언덕 그루터기엔 나이테만 처연해

몹쓸 것 재선충에 목숨 겨우 붙였는데
십장생 사양하니 산불 주범 벗겨 주오
그 기상 바람 서리에 불변토록 지키리니

*절우사, 매화·대나무·소나무·국화 등 절개가 있는
 벗들의 모임.

그라운드 단풍

시월이면 야구장은 전설을 만든다

천만 관중 함성은 단풍처럼 사라지고

짜릿함
야구팬만이 공유하는 서사시

아파트 재건축

아~파트 아파트! 아~파트 아파트!
우리 팝송
빌보드 최고층을 겨냥하다
흘러간 아파트 노래 사십 년 뒤 재건축

아파트 재건축
세대수가 손익 분기
오십 층 육십 층 더 높이 더욱 높이
가락에 민낯 담기니 지구촌이 급 궁금

흙의 하소연

시멘트 아스콘 아스팔트 콘크리트
도시는 내 머리를 포장으로 가둔다
노천이 사라져야만 살기 좋은 곳이란 듯

내 잘못은 이따금 뿌연 먼지 날리고
비 오면 흙탕물 만드는 게 전부인데
억울해!
버리는 것도 성에 안 차 생매장인가

햇빛을 보고 싶어
빗물이 그리워
보듬어 한 생명을 키우고 싶은데
용케도 숨구멍 틔운 싱크홀이 부러울 뿐

갈암 葛庵*

칡넝쿨 산속에서 하늘을 우러르다
이理 논리 흉악하다
목판은 불태워져
이백 년 지독한 세월 탄압당한 그 사상

판서 종가 후손은 사회주의 경도되어
월북한 뒤 남파 체포
끝내 비전향
그 아들 월남 파병 뒤 사상 자유 이으니

*갈암 이현일(1627~1704), 이조판서를 지내고 김성일-장흥효로부터 퇴계학을 이어받아 이상정-류치명으로 전한 유학자.

용문사 은행나무잎

하늘은 높디높고 차량은 도로 가득
바람에 노란 침엽 절정으로 흩날리니
고약한 냄새에 묻힌 천년 전설 주웠다

청려장

어머니 나들이에 발이 된 지팡이
허리 통증 닥치면서 손 떠난 지 여섯 달
바퀴 발 그 수수께끼 스핑크스 마지막은

허리가 끊어질 듯 온밤을 지새워도
의사는 수술 사절
어찌하나 이 일을
용케도 딱 맞는 병원 찾아내어 시술하다

퇴원 날만 기다리다 또다시 날벼락
침대에서 떨어져 엉덩이뼈 부러지니
이 무슨,
팔십 후반에 이번엔 더 큰 수술

석 달을 꼼짝 말라 다짐받고 퇴원하니
자식들 집 대신 요양병원 데려가서
고려장 현관 청려장
손잡을 날 기다려

사라진 산길

낙엽이 덮어버린 즐겨 다닌 비탈 산길
짐작으로 걸어가면 물웅덩이 첨버덩
그 산도 가을 보내고 사색하고 싶겠지

낙엽 위에 또다시 첫눈이 내리면
그 산도 이즈음 겨울잠을 청할까
그래야 새 봄날 맞을 땅 기운을 품겠지

낮닭

대낮 진밭골 장닭이 고요 깬다

우렁찬 테너 음정 궁금증 자아내고

무심한 사람들에게 우리 한 번 보란 듯

겨울 팔공산

앙상한 나뭇가지 까마귀 앉아 있다
골짜기 찬 바람은 얼굴을 후벼 파고
앞 사람 발꿈치 따라 헉헉대며 오른 산

길은 다시 내려가 가파르게 치솟으며
산 넘어 또 골짜기 첩첩산중 한겨울
이 웬일
칠부 능선에 물웅덩이 봉긋이

탁 트인 산마루 이렇게 맑을 수가
여덟 공신 떠올리매 거센 바람 다시 휙
겨울 산
정신이 번쩍
그 짜릿함 이리도!

요수樂水*

위천을 둘러보며 근심을 잊었나
움푹 파인 너럭바위 연반석 벼루 삼고
바위틈 좁은 물길은 붓 씻는 세필짐

솔바람 불어오면 벗 삼아 시를 읊고
제자들 가르치기 업으로 삼았으니
수승대 거북바위는 더 바랄 게 없었네

*요수 신권(1501~1573), 경남 거창 위천에 은거한 선비.

상대성 이론
−2024년 12월 3일 이후 석 달

그 겨울은 유난히 길고 춥고 우울했다
사건은 쏟아지고 뉴스는 버려졌다
광장은 쪼개어지고 주말마다 세 대결

여론조사 민심은 이리 출렁 저리 출렁
나라 앞날 추락하나
모두가 걱정인데
대통령 없는 나라는 돌아갔다, 그래도

선비의 자격

저 자가 틀림없이 그 도적일 것이다
직감으로 단총 뽑아 네 발을 쏘았다
아차차, 엉뚱한 사람 쏘았으면 어쩌나

하얼빈 거사 직후 장부는 고민한다
나는 본래 이토의 얼굴을 몰랐으니
한순간 무고한 살상 두려워한 어진 뜻

스프링

봄날은 용수철
튀어 오른 개구리

냉이는 향긋한 촉을 쏙 내민다

안 돼요
힘줘 당기면
그 탄력을 멈추니

토정*

마포 강가 흙집 지어 유랑민을 만났다
고뿔을 고쳐주고 신세타령 들으면서
그 무얼 해줄 수 있나 고민고민 해보니

장사꾼엔 특산물 거래정보 알려주고
별 기술 없으면 바다 나가 고기 잡게
그래도 못 살겠다면 길흉화복 비결을

그 점괘 궁금해 올해 정월 운세 보니
'봄날이 따뜻한데 봉이 새끼 치도다'
내일은 좋아지겠네 책 덮으며 낄낄낄

*토정(土亭) 이지함(1517~1578).

불 바람

산 아래 매부 집은 뼈대만 남았다
지붕은 내려앉고 방 안은 재만 쌓여
전쟁통 육이오 때도 이러지는 않았는데

의성 안동 도로변은 가도 가도 불탄 땅
청산은 어찌하여 흑산되어 버렸나
불씨는 번지는 데만 아량 없이 집중하니

공들여 지은 집 태워 버린 고향 친구
자식 집 돌아가며 며칠씩 전전긍긍
산 아래 탄 매부 집터 보다가 돌아선다

매월당

수양대군 찬탈에 책 태우고 머리 깎다
삼천리 주유하며 길에서 답을 찾고
권력에 빌붙은 정승
물러가라 소리쳐

그러고도 미련 남아 환속해 다시 혼인
아내가 세상 뜨자 또다시 승려 길로
세상사 알 수도 없고
가는 길도 모르네

그래도

아침마다 일어나
거듭하는 다짐 하나
주변을 편안하게
밤이 되면 다시 후회
그래도 마음을 모아 다가가서 낮춰봐

전류는 중지 방향
플레밍 왼손 법칙
다시 쿨롱 나오니 전기이론 첩첩산중
그래도 이종 교배로 지식 지평 넓혀봐

목소리 듣고 싶어 걸어본 전화를
지금은 바쁘다며 끊어버린 아이들
그래도 한 번 또 한 번
따듯함을 이어야지

2부

옷이 걸치는 말

옷은 입혀 말한다
나 이런 사람이야
이 색깔 이 스타일 지금 기분 알겠지
직설적 노골적으로 머뭇거릴 것 없이

옷은 말을 닮아있다
선택하고 배열하듯
윗옷 맞춰 바지 선택 수미상관 이루고
외출 전 거울 앞에 서서
무슨 말을 들을까

아라홍련

칠백 년을 기다려 피었다는 선홍 연꽃

고려를 지켜보고 씨앗 틔워 만난 한국

어느 쪽 빛과 기운이 좋았을까 그이는

하늘 운동장

창문을 활짝 열면 작은 새들 음악회
용지봉 자락에서 새 아침 찬양하며
청아한 고음역으로 주변을 파고든다

평화를 전했으니 조심스레 날개 펼쳐
삼삼오오 짝을 지어 봄날을 가르며
그렇게 하늘 운동장 자유를 질주한다

관성

다섯 시 삼십 분 어김없이 띵똥 띵똥
십 년 만에 그 알람 지우고 잠자리에
의사의 잘 주무시냐?
한마디에 확 꽂혀

꿀잠은 단순한 휴식이 아닙니다
뇌 노폐물 씻어내고 감정을 다듬어요
눈뜨니 다섯 시 십 분 머리 멍한 묵직함

증 공조판서

아전으로 버려진 단종 옥체 수습하다
측은지심 의로움이 역모죄로 몰리니
그 길로 한밤 줄행랑 은신 세월 이백 년

강산이 변하고 역적은 충신으로
후손은 벼슬자리 죄인은 판서 추증*
장릉은 암매장 자리
정치 반전 그 서늘

*호장(戶長) 엄홍도는 1833년(순조 33) 공조판서로 추증.

안동향교

임인 이월 초사흘
안동향교 대성전

문선왕 아래 성인 셋 현자가 스물 둘

첫 배움
석전대제에
찬 바람은 회초리

봄 눈

연둣빛 수양버들 살포시 실눈 뜨고

따다닥 딱따구리 적막을 깨는데

졸음을 이기지 못한 눈꺼풀은 천근만근

포클레인

이백 근 돌덩이가 일거에 번쩍 솟네

옆에 선 장정이 밧줄을 걸어주자

두 힘줄 천하장사가 공사판을 휩쓰네

서애

부용대 절벽 옆 옥연서당 서 있다
탄핵 뒤 낙향하여 뼈로 새긴 징비록

세치 혀
잘 놀려버린 죄,
조총 소리 들린다

회혼回婚
− 신랑 李東厚 신부 琴貞子

1

신랑은 사모관대 신부는 원삼 족두리
육십년 전 두 분 모두 홀어머니 슬하시니
빛바랜 혼례 사진은 외로움이 비치네

2

장모는 시조모에 시모를 모시면서
봉제사 접빈객 지성으로 다하니
교리댁 일으켰다는 곧은 말씀 들리네

3

장인은 퇴계 선생 후손이란 자부심으로
교직에서 성심껏 아이들 가르치며
함께 한 모든 이들과 두터이 교유했네

4

두 분 아직 움직이고 자손이 열아홉에
전통예절 가르치며 따르는 이 오백이라
큰 재산 못 일궜지만 이젠 사람 부자로다

*2022년 4월 24일 장인 장모님이 혼례 60주년을 맞음.

그날의 물집

퇴계 선생 귀향길
오십 리를 걷던 날

도산서당 십리 두고
아뿔싸 발병 났네

발바닥
헤집는 물집
그 물집은 가르침

1000주년
-弘儒侯 설총

원효와 요석공주 원효와 오, 요석공주

완성한 이두로 유학 씨앗 뿌렸나니,

문묘에 모셔온 지가 올해로 천 주년

풀 한 포기

짓밟히면 짓밟히는 대로 다시 또 일어서는
보도블록 틈새를 비집고 나온 한 포기 풀

밤사이
몸을 추슬러
아침 햇살 맞는다

밥상 앞에서

처음으로 손 내밀어 반가이 맞이하다
함께 앉아 밥 먹으며 속내를 듣는다

그렇지
바로 이 청년
이젠 우리 가족이다

구두

신발장 한쪽에서
웅크리고 있었다

정장 차림 하던 날
성큼 걸어 나와서

딱 하루
명예 회복 뒤
제자리에 놓이다

약혼식

양가가 만나서
혼담을 나눈다니

귀 어두운 노모는
잊힌 의례 내세운다

약혼은
여럿이 가야
다복하게 보인데이

서가 감실

이사온 새집에 딱 한 번 들렀던 아들집

세상 떠나 신주로 서재 사이 머무시네

아침에 문안드리자 엷은 미소 번지네

먼 옷

베틀로 손수 짜서 모셔 둔 두루마기

불현듯 찾아왔네
그 먼 옷 입으실 날

기억만 남기고 떠난 아, 마지막 단장

안부 전화

일요일 저녁 일상
일방 통화 멎었다

이젠 더는 들을 수 없는 어머니 그 음성

아직도
못다한 말씀
늘 귓전을 울린다

내려앉는 계절

만산홍엽 붉은 바람 남쪽으로 내려온다

잎새는 떨어지며 가을을 만들고

가슴에 내려앉으면 시가 된다, 저마다!

3부

멍

어둠 속 후다닥 피아노에 들이박다
쿵! 아야얏, 잊을 때쯤 허벅지는 푸르딩딩

달포를 비친 핏빛이
서녘 하늘에 어린다

조락

낙엽이 쌓일 때쯤 바로 그때쯤에는
하늘은 높아지고 계곡물 거울 된다

저렇듯 청정무구를
거느리고 가는 가을

밤 놀이터

어둠이 내리면 짐승의 시간이다

어머니 무덤을 오르내린 멧돼지

그렇게 친구가 되나
어둠이 또 내리면

관어대 觀魚臺

고래불 앞바다 물고기를 셀 만하다
고려는 기우는데 갈 곳 없던 목은牧隱
힘들게 산마루 올라
지는 해를 바라본다

웨딩 마치

마침내 서로 기댈 한 사람을 찾았구나
새로운 세상을 동행할 그 한 사람
그 걸음, 순간이 아닌 영원으로 사뿐히!

학봉 鶴峯

일본이 침입한다
그런 조짐 못봤다

엇갈리는 보고 이후 터져버린 임진왜란

그렇다
전대미문이다
그렇다 전대미문!

무장해제

삼월 이일 강의실
체온계가 사라졌다
책상 위 둘러쳐진
칸막이도 없어지고

이름을 부르는 것은 대면의 확인이다

되찾은 자유로
생존 너머를 상상하라
새소리 봄의 왈츠
시작을 자축하며

공부는 필리버스터*, 자유의 특권이다

---

*필리버스터 filibuster, 합법적으로 의사 진행을 지연 시키기 위한 무제한 토론.

나무 심기

이 일은 구덩이를
파는 것이 십중팔구
흙 속에서 꿈쩍 않는
걸림돌을 만나면

구덩이 다시 묻을지 고민해야 하는 일

그래도 양지바른
이 자리가 명당인데
으랏차차 땅속에
빙산처럼 박힌 큰 돌

기어이 청매실 심고 물을 가득 부었다

기우

섬마 길 잠수교가
다리 발목 드러낸 날
비 한 번 오지 않아 농심은 타는데

강 저편 궁금증 풀러 자동차로 조심조심

흙먼지 날리는
청보리밭 지나니
메마른 땅 위를 경운기가 헤집는데

낙동강 시사단* 올라 책문**을 적어 볼까

　*시사단(試士壇), 정조가 퇴계 이황을 기리기 위해 지
　 방 과거시험인 도산별과를 치른 것을 기념하는 비.
**책문(策問), 과거시험 중 왕의 질문에 답하는 논술.

물 빠진 나루

넘실대던 강물은
바닥을 드러냈다
다래와 부포마을*
뱃길은 끊기고

새 주민 수중생물은 어디로 떠났을까

드러난 황토 위
마을 길 삼삼한데
저기서 뛰놀았지
옛 모습 아른아른

수몰민 사진첩으로 바랜 듯 남아 있다

*안동댐 수몰지역 마을 이름.

처음처럼

조별 발표 첫 번째
시선이 모아진다
뉴스는 먼 데보다
가까이서 착안하고

질문자 사례 요청에 말문이 턱 막힌다

튀르키예 지진 소식
실리는 건 무슨 이유
절대성과 상대성
토론 공방 뜨겁다

생각을 나누는 수업, 지금처럼 뻗어라

벚꽃 엔딩

이제는 나갈 시간
그 님을 만나러
성질 급한 벚꽃은
땅속 냉기 무시한 채

달콤한 파운데이션 밤낮없이 바르고

시샘 속 몽우리에
연분홍 짙게 발라
따스하니 오겠지
얼굴을 확 내민다

아뿔싸 바람맞혔나 윙윙 소린 환청뿐

지하는 아직 겨울
땅속 벌은 칩거 중
버찌 꿈 모르는 채

불청객만 모여드니

올해도 못 만난 채로 꽃잎 화장 지운다

우쭐우쭐

빌딩 맨 꼭대기 새는 스릴을 즐긴다

널찍한 뒤를 두고 난간 끝에 아슬아슬

누구도 앉을 수 없는 그런 재간 보란 듯

생전예수재

부활절 아침에 눈길 끈 것 저건 뭐지
이웃 사찰 보광사에 예수가 내걸렸다
이제는 성탄절처럼 부활도 축하하나

절 안으로 들어가 스님에게 묻는다
아 그건 살았을 때 미리 업보 지우는 것
죽은 뒤 사십구재만 기다리지 말라고

그 수행은 덤으로 찾아온 윤달에만
십자가를 믿는 이는 거듭남을 따르고
불자는 살아생전에 죄 씻으려 하는 달

수명 연장 가설

심혈관 운동이 수명을 연장한다
의사 왈 심장의 박동에만 좋을 뿐
운동에 그 많은 시간 낭비하지 마세요

오래 살고 싶다면 낮잠을 즐기세요
토끼는 늘 뛰지만 육년밖에 못 살고
느릿한 저 거북이는 백년 넘게 살잖소

운동이 부족한 나에게 솔깃한 말
내 그럴 줄 알았지 수명도 몸보다 마음
그 주장 근거 없다니 보약일까 게으른 게

비명

세 번째로 청년이
죽음을 선택했다
누구보다 정 많던
서른 하나 그 언니

날아간 구천만원은 청춘 바친 전재산

해머를 던지며
한국을 대표했다
그의 꿈은 동생을
대학에 보내는 것

뒤늦게 전세금 사기 온 나라가 시끌시끌

내 문제 아니니
눈 감는 게 세상인심
청년 세대 쓰러지면

미래는 절벽인데

미추홀 사회적 재난 쾅~ 부서라 해머로

고산

한 유생이 겁 없이 광해 앞에 상소했다
이이첨이 나라를 망치는데 아시냐고
그렇게 시작된 귀양, 열여섯 해 보냈다

기장군 유배지 황학대에 오르니
바닷가 시비 앞에 시인이 앉아 있다
정쟁을 고깃배 띄워 강호에 빠트렸나

물 위에 고기 떴다 닻 들어라 닻 들어라
낚대는 쥐어 있다 탁주는 실었느냐
그 노래 어부사시사 홍얼홍얼 맴돈다

분가

쌀자루 차에 싣고
한 끼 반찬 보낸다
첫 상을 준비한 뒤
딸 아이 울먹인다

엄마는 그 바쁜 중에 늘 어떻게 밥 차렸어?

받아먹기 일삼더니
이제야 철이 드나
그릇 다시 챙기다가
우리 신혼 떠올린다

둘째 딸 세간나던 날 장모님이 불현듯

알렉산더 두상

서재 한쪽 이스탄불 알렉산더 두상은
사자 갈기 떠올리는 머리칼이 압도한다
점령지 주요 거리에 세웠다는 그 표상

수컷 사자 모두가 제왕인 건 아니다
3퍼센트 극소수만 그 자리에 오른다
억센 힘 검은 갈기가 일으키는 카리스마

*알렉산더 대왕(B.C356~B.C323), 마케도니아 지배자이자 아리스토텔레스의 제자로 그리스·페르시아·인도 등지 동방 원정에 나서 대 영토를 복속했다.

노을 멍때리기

오늘도 서녘 하늘
붉게 붉게 물들었다
기다릴 게 뭐 있다고
동그란 해 쏙 빠진다

일몰이 장엄한 것은 소리 없는 설법이다

서향집이 좋은 이유
저녁노을 멍때리기
고기도 과일도
썩기 전 맛이 있듯

일몰이 가르쳐 주는 마지막 설법이다

4부

가을 햇살

가을이 짧아진다 걱정들을 하지만
시월 오늘 햇볕이면 영글기에 충분하다

그 틈에
게으른 심신
천고마비 닮고 싶다

때로 난간에서

1

시동 끄고 뒤적뒤적 내 핸드폰 어디 갔지
집 나설 땐 분명히 조수석에 있었는데
기억의 블랙박스를 고속으로 돌린다

조금 전에 들렀던 그 집에다 두고 왔나
오랜만에 밀쳐둔 내 번호 꾹 눌렀다
신호음 끊어질 무렵 누군가가 받는다

2

3호선을 타고 가다 무언가 허전하다
신용카드 꽂아둔 스마트폰 안 보인다
불현듯 환승역에서 바람 쐰 게 떠올라

중간에 내린 뒤 역무원에 호소한다
무전을 날리지만 습득한 건 없단다

조금 뒤 들리는 소리 "난간에서 발견함"

3

한 번씩 잊어먹는 핸드폰은 애물단지
그때마다 한동안 애간장 녹이지만
그래도 운 좋은 것은 한국에서 닥친 일

퇴계언행록

사람을 대할 때는 온순하고 공손했다
뜻 통하면 환하게 마음속을 드러내고
남에게 자신 낮추며 묻기를 좋아했다

자기주장 버리고 바른 의견 따랐다
남의 선행 만나면 제 일처럼 기뻐하고
잘못은 누구 지적도 고치기를 서둘렀다

선생이 별세하자 제자들이 모였다
우리가 대한 모습 논어처럼 남기자며
그 스승 그 문하생들 전한 향기 질박하다

나목

이 가을 나무들이 다투어 잎 떨군다

비바람에 억지로, 때로는 가만히

한 해를 짓누른 무게 내려놓고 있는가?

솜털 구름

가을하늘 뒤덮은 폭신폭신 솜털 구름
서쪽으로 서쪽으로 바쁘게 흘러간다

추위로 덜덜덜 떠는
전쟁 난민 보았나

동병상련

젖과 꿀 가자에 다시 피가 흐른다
하마스 기습에 눈에는 눈 이에는 이

쫓겨난 팔레스타인
내 땅 찾는 복수극

나라 잃은 대한의병 무력 항쟁 불사했다
통감을 저격하며 제국주의 맞섰다

전설 속 임나일본부
광복으로 지우며

반만년 한반도에 이스라엘 들어서면
약속의 땅 내세울 때 한민족은 어찌할까

가자는 선악과 달린
에덴동산 도돌이표

북망산천
-설화리 상여 행렬을 보며

이제 가면 언제 오나 오실 날 일러주오
오호옹 오호옹 오호에야 오호옹
구슬픈 앞소리꾼에
상여꾼은 뒷소리

상주는 곡소리로 애닯게 묻는다
우리는 어디서 와 어디로 가는가
죽음은 처음 가는 길
그러면서 마침표

산 자는 뒤에 남아 죽은 자 위로한다
이승의 고통에서 저승의 안식으로
상여는 삶과 죽음을
저리 환히 밝힌다

관례冠禮*

혼례를
앞두고 성년례를 치렀다
구계서원 강당에
예비 사위 오른다

하늘색 두루마기에 두 손 고이 모으고

빈賓** 어른
총각에게 유건 먼저 보이고
선비로 인도한 뒤
어른 표상 집어든다

좋은 날 처음 갓 씌우니 너는 덕을 지키거라

더하여
성년 이름 자字를 새로 내린다
큰 뜻 세워 경사 맞는

자경子慶이란 어른 호칭

잊었던 통과의례에 모두가 숙연하네

*관례(冠禮)는 남자의 전통 성년례로, 선비를 상징하는 유건을 먼저 쓴다. 이어 빈(賓)은 갓을 씌운 뒤 성년 이름 자(字)를 내린다.
**빈은 관례를 주관하는 어른.

중재

세 살 난 아동이
학대를 당한 뒤
병원에서 자폐 장애
진단을 받았습니다

여덟 시 방송뉴스에
보육계가 화들짝

어린이집 일지에는
본래 있던 증상임
가해교사 입을 연다
그 기록은 손댄 것

원장이 나서 답한다
조작한 적 없어요

인터넷 맘카페는

파렴치 성토장
단 한 번의 보도로
원장은 죽을 지경

소송이 진행 중인데
언론 중재 열렸다

설득 끝에 방송사
원장 반론 수용했다
펑펑 울던 원장도
소송을 취하한다

언론의 돌팔매 보도
애먼 사람 맞을 수도

*언론중재는 언론보도와 관련된 분쟁을 소송으로 가지 않도록 중재하는 제도.

눈치

아내가 아침 일찍
아파트를 나선다
단짝인 친구와
떠나는 회갑 여행
남편은 이번 여행에 끼워주지 않는감

그 이야기 못 들었어?
엄마 회갑 선물 사건
자식들 개념 없이
부모 여행 주선하자
엄마는 통곡했단다 또 아버지 모시라고?

기정 記情*

하코네 온천욕
참 좋다 하셨지요
어머님과 함께 한
단 한 번의 해외여행

그때는 잘 걸었는데 뼈 부러져 아팠지요

어머니 1주기
자식들이 모였다
폭염 속 무덤 앞
생전 추억 고했다

손녀는 강정 내놓던 그 손길 떠올린다

아들은 천 사백 자
긴 사연을 읽었다
손수 짜신 삼베 도포

두고두고 입겠다며

어머니 이제는 제발 일손을 놓으세요

*기정(記情)은 1주기인 소상 전날 고인과 가까운 사람
 들이 빈소에서 생전 추억을 고하며 술잔을 올리는 의식.

설날

명절은 막연히 기다리는 첫눈 같다
그것도 발목까지 푹 덮이는 함박눈

아이는 뛰놀고 싶고
어른은 큰 눈 걱정

눈 뜨고도

교과목 개편 진행 까맣게 몰랐다
빼곡한 메일 문자 안 보고 지나쳤다
경계에 실패한 군인
용서할 수 없다는데

바로 앞에 있어도 다 보는 게 아니다
큼직하게 나타나도 다른 생각 골똘하면
찾아온 당첨 복권도
무심코 지나간다

출석

대학생은 누구나 3분의 1 지킨다
그 선 넘어 결석하면 학점은 날아간다
자유가 특권이지만
그 의무 감수한다

국회의원 출석은 명문화된 규정 없다
자리 비운 의원님들 그래서 자유롭나
회사면 해고감인데
국회는 아직도 국해

걷는 게 어렵다며

책보를 짜매고 살랑살랑 걸었다
멀게는 십여 리 길 힘든 줄도 모르고
6년을 같은 반에서 알콩달콩 지냈다

제 갈 길 가느라 모두 바삐 살았다
친구들 회갑 맞아 한 자리 모였을 땐
모두가 거리낌 없이 이곳저곳 걸었다

그리고 5년 지나 만났을 뿐인데
걷는 게 어렵다며 빠진 친구 늘었다

무섭게 따라온 세월
아프게 되돌아본다

1963 토끼
−내자의 회갑에

1

첫딸은 살림 밑천
승승리리 깨치고
안동댐 수몰민 되어 대구로 전학하다
웃음 띤 살가운 심성 누구나 좋아했네

2

캠퍼스 인연으로 기자와 백년가약
서울에서 사는 꿈
두 딸 두고 이루었다
자동차 미국 일주는 젊은 날의 초상화

3

대구로 내려와서 셋째 딸 얻은 뒤
호주로 떠난 유학 치열하게 보냈다

떨어진 기러기 가족
인생 공부 켜켜이

4

재미난 대학 강의 학생들이 따랐고
듬직한 사위 둘 잇따라 맞이했다
귀 쫑긋 뒤러 토끼*야
열두 해 뒤 또 들을까

*대구미술관이 전시한 오트마 회얼의 유난히 귀가 큰 토끼 조형물(155X95cm).

그들에겐 쉬운 것

삼십층 꼭대기로 새들이 날아오른다
우리처럼 해보라며 뽐내듯 사뿐히
난간에 발을 붙이고 태연히 재잘재잘

조회가 끝났으니 이제는 아침 운동
혼자서 또 여럿이 동그랗게 날아보고
아파트 주민 만나며 아래로 비행한다

삼일절 태극기

삼일절 아침에 태극기를 달았다
거센 바람 불어와 찢어질 듯 펄럭인다

이제는 그만 내리지
못 들은 척 두었다

온종일 그 바람 잦아들 줄 모른다

부러뜨릴 기세다
저 국기 견딜까

해지자 내린 태극기
대한 독립 임무 완수!

맨발의 청춘

맨발로 땅에 서서 발가락을 꼼작꼼작
신발에 갇혀 있던 발가락은 기지개
아직은 엄지발가락 어색하게 치켜든다

좋다는 맨발 걷기 십오일째 배우며
준비운동 마치고 무학산을 오른다
돌 조각 밟을 때마다 아얏아얏 외마디

용을 쓰며 마침내 정상 표석 만났다
맨발로 올라간 첫 해발 이백 미터
발아래 신천지타운 원시로 돌아가다

5부

유유상종

용지봉 걷기 동산 어둠이 내린다

풀숲에서 부스럭
모골이 송연한데

맨발의
들고양이가
벗은 내 발 바라본다

허상

누구나 자신의 얼굴은 볼 수 없다
어딘가에 비치는 허상만 볼 뿐이다
참모습 볼 수 있는 건 온전히 남일 뿐

선거철 얼굴 사진 벽보로 나붙었다
저마다 잘났다 공약하고 유혹한다
눈뜨면 남 뒤통수도 훤히 볼 수 있는 것

바로 보자 벼르는 유권자 시간인데
후보들 아집 속 승리 최면 빠져 있다
미소년 나르시스가 물속 허상 반하듯

유혹

올봄도 벚꽃은 못 참듯이 화끈하다

3도 오른 온기에 속옷까지 확 비친다

벌 벌 벌 다리를 떨며 안으로 날아든다

쇠제비갈매기

1

푸른 물 넘실대는 낙동강 안동호
그 아래 댐 수몰민 추억이 잠겨 있다
다시는 들를 수 없는 아련한 고향으로

4대강 보 개발로 삼각주 사라져
제비 닮은 갈매기
삶터 찾아 북상하다
여기다
호수 안 육지 모래밭에 내리니

낯선 땅 고향 삼아 부화한 새끼들
어미가 물어준 빙어 물고 눈 맞춘다
이제는 발걸음 떼며 날개도 펴 보고

2

장마철
처음 겪는 보금자리 물난리
섬 잠기자 새끼들 발 동동 떼죽음
갈매기
수몰민 신세 우리가 지켜주자

주민들 물에 뜨는 인공섬 만들고
어미 새 불러들여 다시 생명 잉태하니
안동호
쇠제비갈매기 고향으로 돌아갈까

가산 공룡

산성 터에 팔십 톤 공룡이 서 있다
일억 년 뛰어넘어 쥐라기에 살았다는
무량수 자연의 역사 이 땅에서 보란 듯

목 쳐든 브라키오사우르스*
꼬리를 흔든다
억겁의 빙하기를 윤회로 지나서
집 나간
아기 공룡 둘리, 그 소식 들었겠지

*Brachiosaurus. 쥐라기 후기 북아메리카 등지에 서식했던 초식 공룡.

싸움의 기술

정치인은 무슨 일로 툭하면 싸우는가
생존과 존엄
때로는 힘이 넘쳐
어쨌든 피치 못하면 잘 싸워야 하는 것

물리적 폭력은 값이 비싼 청구서
이성적 토론은 요원한 해결 수단
그 판을 치고 빠지는
가짜뉴스 풀무질이여

작설

토요일
하동의 세작이 찾아왔다

연두 봄이 이제는 여름으로 간다는데

참새의
혓바닥 크기로
부드러워지고 싶다

노심초사

이따금 주고받던 문자도 중단했다
자칫 잘못 여린 맘 건드릴까 두려워
심호흡 출연 대기실
모르듯 지나쳤다

어머니는 새벽마다 숨죽여 기도했다
목감기는 걸리지 않도록 해달라고
연주 땐 맨 뒷줄에 앉아
눈 마주치지 않았다

커튼을 내리고 사진을 찍으면서
모녀는 생각난 듯 그날 처음 웃었다
시험 날
아무 말 않던 그때 그 마음같이

정재*

노씨老氏는 무無라 하고
불씨佛氏는 공空을 설하다
그럼에도 천지와 생육生育은 그대로니

만물은
사시四時를 따라 저절로 그리될 뿐

옮겨진 만우정
깨달음은 늦었지만
글 찾아 읽는 것은 도道를 구함이라
자리에 맞는 처신이 즐거운 줄 알았다

*정재(定齋) 류치명(柳致明·1777~1861), 유학자이자 문신.

현이 아빠

내일 아침 현이 아빠
병자성사 본답니다
잊지 말고 그 시간에 다 함께 기도해요
의사는 마음의 준비
하시라 했답니다

일어나니 창밖에 검은색 긴 리무진
문자가 날아든다
현이 아빠 돌아가심
어스름
젊은 날 동행
몹쓸 병이 지우네

세 잎 클로버

토끼풀이 촘촘히 동산을 뒤덮었다
아줌마 주저앉아 토끼풀 뒤적인다
행운의 네 잎 클로버
찾을 거란 기대로

행복은 흔하고 평범한 데 있다는데
그 행복 제쳐두고 행운을 찾으니
무관심 세 잎 클로버 벌 나비만 찾는다

3호선 맨 뒷자리

지나온 길 이렇다며 있는 대로 보여준다
가까이 있을 때는 화려하고 컸는데
멀찍이 지나고 보니 그렇구나 싶구나

맨발 백병전

태백산 곰 굴속에서 마늘 먹고 사람 되듯
아기가 엄마와 눈 맞추며 웃는 시간
몸과 맘 하나 되려는 무조건의 다른 말

심야에 빗속조차 맨발로 추적추적
맨땅을 걸으며 발바닥이 매끈매끈
맨신이 귀찮음을 이긴 자신과의 백병전

우양산

우산이면 어떻나 쓰는 것이 더 낫지
우양산 펼친 남자 폭염 속 당당하게
양산은 여성 전유물 고정관념 지운다

소나기 쏟아지니 우산은 종횡무진
가방 속 미니 우산
부채야 저리 가라
아열대 헤치고 나갈 신병기를 얻었다

진흥왕 척경비

왕께서 여기는 어쩐 일로 오셨나요?

그대
이제 신라 백성
불편한 건 없는지……

왔으니
돌 하나 세워
남깁시다, 인증샷!

단재*

삼국사기 만 번보다
集安 유적 답사하라

백두산 올라가
고대 국경 확인하고

한국사
연구 강역을
만주까지 넓힌 날

---

*단재(丹齋) 신채호(1880~1936), 언론인이자 독립지사.

홍시

주인없는 감나무에 발갛게 주렁주렁
누군가 세워둔 감쫄기로 감을 땄다
소리에 놀란 동박새 후다닥 치솟는다

고향 집 감나무는 육십 년을 함께했다
물 한 번 거름 한 번 준 적이 없었지만
봄이면 하얀 감꽃을 보여준 뒤 뿌렸다

운동회 땐 침 담가 간식으로 내밀고
늦가을 땡감은 곶감으로 학비 밑천
그 고목, 따먹으라고 올해도 홍시까지

하하하 해해해

하하하
큰소리로 거침없이 웃는다
호호호
보조개 지으며 다가가고
허허허
웃고 낫더니 가슴이 뻥 뚫린다

후후후
둥그렇게 웃으면서 곱씹고
히히히
혼자서 킥킥킥 웃어보니

해해해
해우소처럼 근심 걱정 사라져

소의 껌벅거림

연한 고기 얻는다며 가둬 키운 송아지
축사에 갇힌 채로 서 있기만 해야 하니
죽을 때 음~ 죽더라도 사는 동안 봐주소

예전처럼 우리 힘 좀 쓰도록 해주소
불평하지 않을 테니 밖에서 일 좀 하게
로드킬 노루 고라니 니 팔자가 차라리!

264

북방으로 휩쓸린 서릿발 위에서도
청포 입고 백마 탄 초인을 기다리다

오페라
그 한 개의 별
눈물 속에 데자뷔

해설

가족과 당대를 향한 사랑,
그 웅숭깊은 서정 세계
이정환(시조시인·전 한국시조시인협회 이사장)

1. 들어가는 말

송의호 시인.

그의 시편은 담백하다. 결이 곱다. 일관성이 있다. 편편이 진정성이 녹아 있고, 사물이나 세계에 다가가는 방식이 신중하다. 화려한 수사에 기대기보다 아끼고 베풀며 따뜻하게 여기는 마음으로 언어를 궁굴린다. 이를 토대로 시종 정갈하고 단아한 시풍을 견지한다. 이 점은 그의 천품에서 비롯된 것으로 보인다. 외유내강의 온화한 성품이 그와 같은 시조 세계를 축조한 배경이 되고 있기 때문이다.

그는 가끔 자신의 작품에 대해 의구심을 가진다. 시가 되었는지 시 근처에라도 이르렀는지 자문자답하곤 한다. 시인으로서 얼마든지 그럴 수는 있다. 이번에 펴내는 첫 시조집 『무장해제』는 그런 의문을 일거에 불식시켜 줄 것이라고 믿는다.

그는 평생 기자 생활을 했다. 그러므로 딱딱한 기사 쓰는 일이 일상이었다. 기사는 일견, 시와는 일정 거리가 있어 보인다. 그렇지만 오랜 기사 경험은 어느 날 방향 전환의 밑거름이 되었다. 즉 그만이 쓸 수 있는 독특한 세계가 그에게 찾아온 것이다. 시각을

달리하자 새로운 길이 열리게 된 셈이다.

그것은 바로 리얼리즘의 형상화다. 현실주의, 사실주의 즉 실재론에 대해 강점을 가진 시인으로 우뚝 서게 된 것이다. 아무나 할 수 없는, 아무나 노래할 수 없는 이채로운 길로 접어들었기에 그의 창작 행보는 활발한 현재진행형이다.

약간의 두려움과 반신반의가 겹치면서 2022년 3월 14일[1]에 시작된 그의 시조 쓰기 여정은 어언 네 해째로 접어들었다. 그 노력의 결과물이자 결정체가 바로 『무장해제』이다.

이제 그의 작품 세계로 깊숙이 발을 들여놓는다.

2. 가족 사랑의 내밀한 직조

두말할 나위 없이 가족은 소중하다. 가정사회의 중심이기 때문이다. 오죽하면 가화만사성이라는 말이 오랫동안 전해 내려오고 있을까?

일요일 저녁 일상
일방 통화 멋었다

---

1 그의 초고에 기록된 날짜다.

이젠 더는 들을 수 없는 어머니 그 음성

　　아직도
　　못다한 말씀
　　늘 귓전을 울린다
　　　　　　　　　　　　　　―「안부 전화」전문

　　베틀로 손수 짜서 모셔 둔 두루마기

　　불현듯 찾아왔네
　　그 먼옷 입으실 날

　　기억만 남기고 떠난 아, 마지막 단장
　　　　　　　　　　　　　　―「먼옷」전문

「안부 전화」는 곡진하다. 어머니와의 일요일 저녁 일상이었던 일방 통화가 멎어 버렸다. 어떻게 손 쓸 수도 없이 일어난 일이었다. 정말 한순간이다. 그리하여 어머니의 음성은 이젠 더는 들을 수 없게 되었다. 아직도 못다한 말씀, 못다 나눈 이야기가 지천인데……. 전혀 예견치 못한 일이었다.

「먼옷」역시 어머니에 대한 다함 없는 그리움을 노래하고 있다. 베틀로 손수 짜서 모셔 둔 두루마기,

그 먼옷을 입을 날이 불현듯 찾아온 것이다. 가로막거나 붙들 수 없는 일이었다. 오롯이 기억만 남기고 떠난 것이다. 그렇기에 화자에게는 뼈아픈 마지막 단장이었다.

    처음으로 손 내밀어 반가이 맞이하다
    함께 앉아 밥 먹으며 속내를 듣는다

    그렇지
    바로 이 청년
    이젠 우리 가족이다
                           -「밥상 앞에서」 전문

    마침내 서로 기댈 한 사람을 찾았구나
    새로운 세상을 동행할 그 한 사람
    그 걸음, 순간이 아닌 영원으로 사뿐히!
                           -「웨딩 마치」 전문

  새 사람을 맞는 일은 경이로운 일이다. 며느리를 맞든 사위를 맞든 경사가 아닐 수 없다. 그런 만큼 진중할 수밖에 없다. 「밥상 앞에서」는 그러한 실제상황을 진솔하게 그리고 있다. 그러므로 처음으로 손 내밀어 반가이 맞이한 후 함께 앉아 밥을 먹으며 속내를 듣는다. 그런데 이야기를 주고받는 중에 화자는 직감한다. 바로 이 청년은 우리 가족이라고 판단한 것이다. 조심스러운 분위기 가운데 신중하게 헤아렸을 것이다.

「웨딩 마치」는 언어 구사가 경쾌하다. 확실한 결정 끝에 이루어진 경사이므로. 마침내 서로 기댈 한 사람을 찾았는데 새로운 세상을 동행할 그 한 사람이다. 온 누리에 애오라지 딱 한 사람이기에 그 걸음은 순간이 아닌 영원으로 사뿐히 발을 내딛게 된 것이다. 박수갈채를 아낌없이 보낼 일이다.

예를 들지 않았지만 「기정」을 통해 어머니를 애틋하게 그린다. 기정記情은 1주기인 소상 전날 고인과 가까운 사람들이 빈소에서 생전 추억을 고하며 술잔을 올리는 의식이다. 그리고 「회혼」이라는 작품은 장인 장모님이신 李東厚 님, 琴貞子 님의 혼례 60주년을 기리는 헌시다. 사위의 효심이 놀랍다.

3. 계절의 변화와 자연 교감

시인은 계절의 변화 앞에서 감각의 촉수를 가다듬는다. 예민한 반응이다. 자연은 무궁무진한 상상력의

보고여서 유정한 눈으로 바라보면 흥취가 발동하고
곧 그것은 비단실 같은 언어로 직조된다.

>
> 봄날은 용수철
> 튀어 오른 개구리
>
> 냉이는 향긋한 촉을 쏙 내민다
>
> 안 돼요
> 힘줘 당기면
> 그 탄력을 멈추니
>
> -「스프링」 전문

> 짓밟히면 짓밟히는 대로 다시 또 일어서는
> 보도블록 틈새를 비집고 나온 한 포기 풀
>
> 밤사이
> 몸을 추슬러
> 아침 햇살 맞는다
>
> -「풀 한 포기」 전문

야수를 기다리며 저마다 단장했다

나를 맛있게 먹고 씨앗만 배설해 줘

땅속에 깊이 묻혀서 꽃 피울 꿈 좀 꾸게
　　　　　　　　　　－「붉은 사과의 꿈」 전문

「스프링」에서 봄날은 용수철, 튀어 오른 개구리라고 노래한다. 이미 이 두 줄로 모든 것을 축약하여 보여주고 있다. 그러다가 냉이는 향긋한 촉을 쏙 내민다, 라고 공감각의 절묘함을 드러낸다. 종장에서 안 돼요 힘줘 당기면 그 탄력을 멈추니, 라고 조심스레 봄을 맞을 것을 말하고 있다. 스프링이 스프링다우려면 봄이 봄 다우려면 자연 현상의 탄력 그 스프링 그 용수철을 자연 그대로 두라는 시편이다.

「풀 한 포기」는 비근한 소재다. 화자의 애정 어린 눈길이 돋보인다. 짓밟히면 짓밟히는 대로 다시 또 일어서는 보도블록 틈새를 비집고 나온 한 포기 풀은 물론 자리를 잘못 잡은 경우이지만 척박한 환경 속에서도 끝까지 생명력을 뻗어 올린다. 그리하여 밤사이 몸을 추스르고 아침 햇살을 맞는다. 그것은 작은 승리다. 산 것이 아니라 어기차게 살아낸 것이다.

「붉은 사과의 꿈」은 사뭇 특별하다. 초장 야수를 기다리며 저마다 단장했다, 라는 문장이 강렬하고 경이롭다. 의외의 시어 야수가 등장하고 있기 때문이다. 기실 사과로부터 야수 즉 길들지 않은 사나운 짐승을 연상하기란 쉽지 않다. 단장을 마친 사과는 나를 맛있게 먹고 씨앗만 배설해 줘, 라고 간절히 부탁한다. 이미 개화 끝에 얻은 열매라는 것을 자각한 사과는 땅속에 깊이 묻혀서 꽃 피울 꿈을 꾸고 싶은 것이다. 생명을 이어감, 그 영속성에 대한 강렬한 의지이자 염원이다.

> 만산홍엽 붉은 바람 남쪽으로 내려온다
> 잎새는 떨어지며 가을을 만들고
> 가슴에 내려앉으면 시가 된다, 저마다
>   －「내려앉는 계절」전문

> 낙엽이 쌓일 때쯤 바로 그때쯤에는
> 하늘은 높아지고 계곡물 거울 된다
>
> 저렇듯 청정무구를
> 거느리고 가는 가을
>   －「조락」전문

> 이 가을 나무들이 다투어 잎 떨군다
> 비바람에 억지로, 때로는 가만히
> 한 해를 짓누른 무게 내려놓고 있는가?
>   －「나목」전문

「내려앉는 계절」은 제목이 이채롭다. 만산홍엽 붉은 바람 남쪽으로 내려오고, 잎새는 떨어지며 가을을 만든다고 담담히 노래하는 대목에서 문득 떨어지는 잎새가 가을을 가을답게 하는 것이라는 사실을 깨닫는다. 그리고 그것이 가슴에 내려앉으면 저마다의 시가 된다, 라고 화자는 말한다. 이렇듯 「내려앉는 계절」에서 내려앉는, 이라는 이미지가 가을의 본성을 여실히 표출한다. 상승이 아니라 하강 이미지다. 그러니까 하강은 곧 가을의 정서다.

「조락」이라는 제목에서 조락이라는 말은 가을과 너무나 잘 맞아떨어진다. 그래서 화자는 낙엽이 쌓일 때쯤 바로 그때쯤에는 하늘은 높아지고 계곡물 거울 된다, 라고 노래하면서 저렇듯 청정무구를 거느리고 가는 가을이라고 끝맺는다. 이 작품에서 그때쯤과 거느리고, 라는 시어가 시의 맛을 내고 있다. 조락은 서글픈 분위기를 떠올리지만, 이 두 시어로 말미암아 생명의 환희를 맛보게 된다.

「나목」 역시 이 가을 나무들이 다투어 잎을 떨구는 것을 눈여겨보고 있다. 그 잎들은 비바람에 억지로 떨어지는 것도 있고, 때로는 가만히 낙하하는 것도 있다. 그래서 질문한다. 한 해를 짓누른 무게 내려놓고 있는가, 하고. 마치 네가 아직도 내려놓지 못하는 것은 무엇인가 묻는 듯하다. 「나목」을 통한 은연한 내적 성찰이다.

4. 시대 상황과 사회 문제 탐구

시인은 시대 상황과 동떨어진 존재가 아니다. 누구보다 강렬한 시대정신을 견지하고 자신과 세계를 바라보아야 한다. 그러므로 사회 문제에도 민감해야 한다. 당대의 복잡다단한 흐름을 예의주시하면서 때로는 예언자적 면모도 보여야 마땅하다.

> 삼월 이일 강의실
> 체온계가 사라졌다
> 책상 위 둘러쳐진
> 칸막이도 없어지고
>
> 이름을 부르는 것은 대면의 확인이다
>
> 되찾은 자유로
> 생존 너머를 상상하라
> 새소리 봄의 왈츠

시작을 자축하며

공부는 필리버스터, 자유의 특권이다
　　　　　　　　　　　－「무장해제」 전문

세 번째로 청년이
죽음을 선택했다
누구보다 정 많던
서른 하나 그 언니

날아간 구천만원은 청춘 바친 전재산

해머를 던지며
한국을 대표했다
그의 꿈은 동생을
대학에 보내는 것

뒤늦게 전세금 사기 온 나라가 시끌시끌

내 문제 아니니
눈 감는 게 세상인심
청년 세대 쓰러지면
미래는 절벽인데

미추홀 사회적 재난 쾅~ 부서라 해머로
　　　　　　　　　　　－「비명」 전문

「무장해제」에는 대학강의실이 등장한다. 삼월 이일 강의실 체온계가 사라지고 책상 위 둘러쳐진 칸막이도 없어지면서 비로소 이름을 부르게 된다. 간절히 바라던 대면의 확인이다. 그런 까닭에 되찾은 자유로 생존 너머를 상상하라, 라고 외치며 새소리 봄의 왈츠로 시작을 자축하고 있다. 실로 예측불허의 기나긴 터널이었다. 하여 공부는 필리버스터, 자유의 특권이기에 이젠 그 일에 매진할 것을 권한다. 마스크라는 무장의 해제로 갇힌 세상에서 열린 세계로 발을 성큼 내딛게 된 것이다. 필리버스터(filibuster)는 합법적으로 의사 진행을 지연시키기 위한 무제한 토론이다. 대학강의실에도 그러한 학문적 기회가 주어진 상황이다.

「비명」은 현실을 직시하고 있다. 세 번째로 청년이 죽음을 선택했는데, 누구보다 정 많던 서른 하나 그 언니였다. 날아간 구천만 원은 청춘 바친 전재산이었다. 그는 해머를 던지며 한국을 대표했고, 그의 꿈은 동생을 대학에 보내는 것이었다. 이렇듯 전세금 사기로 온 나라가 시끌시끌했지만 정작 내 문제가 아니면 곧 무관심이다. 그래서 공분으로 미추홀 사회적 재난 쾅 부서라 해머로, 라고 안타까움을 간곡히 토로하고 있다.

>젖과 꿀 가자에 다시 피가 흐른다
>하마스 기습에 눈에는 눈 이에는 이
>
>쫓겨난 팔레스타인
>내 땅 찾는 복수극
>
>나라 잃은 대한의병 무력 항쟁 불사했다
>통감을 저격하며 제국주의 맞섰다
>
>전설 속 임나일본부
>광복으로 지우며
>
>반만년 한반도에 이스라엘 들어서면
>약속의 땅 내세울 때 한민족은 어찌할까
>
>가자는 선악과 달린
>에덴동산 도돌이표
>―「동병상련」 전문

사시사철 불침번 도산서당 백년송
대형 산불 번지며 불쏘시개 누명에
절우사節友社 매화 대나무 바람을 지목하네

들어라 솔 송진이 잘 타기는 하지만
강풍 없이 혼자서 불 키운 적 없거늘
바람이 억울하다면 건조가 공범이라

소나무는 죄가 없다 아무리 변론해도
문화유산 위급하다 모조리 베어져
그 언덕 그루터기엔 나이테만 처연해

몹쓸 것 재선충에 목숨 겨우 붙였는데
십장생 사양하니 산불 주범 벗겨 주오
그 기상 바람 서리에 불변토록 지키리니
　　　　　　　　　　　　　－「솔의 참형」 전문

「동병상련」은 깊이 있는 시조다. 상상력이 동서고 금을 넘나들고 있다. 젖과 꿀 가자에 다시 피가 흐른 다, 에서 다시 피, 라는 구절이 가슴에 저미어 든다. 다시금 피를 본다는 것은 끔찍한 일이다. 일어나서는 아니 될 전쟁이다. 물론 하마스 기습에 눈에는 눈 이 에는 이라지만 쫓겨난 팔레스타인 내 땅 찾는 복수극 이다. 다음으로 우리나라로 시선이 옮겨온다. 나라 잃은 대한의병 무력 항쟁 불사했고, 통감을 저격하며 제국주의 맞섰다. 전설 속 임나일본부 광복으로 지우

기까지 하며. 끝수는 가정법으로 반만년 한반도에 이스라엘 들어서면 약속의 땅 내세울 때 한민족은 어찌할까 묻는다. 그러다가 화자는 가자는 선악과 달린 에덴동산 도돌이표라는 이채로운 진단을 내리며 이해의 폭을 독자의 몫으로 넘긴다. 미학적 구조상 「동병상련」은 치밀한 구상으로 직조된 세계다.

「솔의 참형」은 지난 봄날 재난의 현장, 산불에 관한 하나의 생생한 보고서다. 셋째 수와 넷째 수만 보겠다. 소나무는 죄가 없다 아무리 변론해도 문화유산 위급하다 모조리 베어져 그 언덕 그루터기엔 나이테만 처연한 상황인 데다 몹쓸 것 재선충에 목숨 겨우 붙였는데 십장생을 사양할 터이니 산불 주범 벗겨달라고 호소한다. 단지 침엽수라는 까닭으로, 불씨를 잘 받아들인다는 명목으로 소나무를 탓한다. 그러나 그 기상 바람 서리에 불변토록 지킬 각오가 되어 있으니 솔의 자존감을 무너뜨리지 말라는 간곡한 바람을 토로한다. 그러므로 솔의 참형은 있어서는 안 될 일이다. 실로 「애국가」 속 소나무가 휘청거릴 지경이다.

5. 전통 예법과 역사의식 체현

시인의 시선은 고전적이다. 전통 예법과 역사의식 체현에 관심을 기울이고 있다. 의미 있는 일이다.

> 임인 이월 초사흘
> 안동향교 대성전
>
> 문선왕 아래 성인 셋 현자가 스물 둘
>
> 첫 배움
> 석전대제에
> 찬 바람은 회초리
> ─「안동향교」 전문

> 퇴계 선생 귀향길 오십 리를 걷던 날
> 도산서당 십 리 두고 아뿔싸 발병 났네
> 발바닥 헤집는 물집, 그 물집은 가르침
> ─「그날의 물집」 전문

> 사람을 대할 때는 온순하고 공손했다
> 뜻 통하면 환하게 마음속을 드러내고
> 남에게 자신 낮추며 묻기를 좋아했다
>
> 자기주장 버리고 바른 의견 따랐다

남의 선행 만나면 제 일처럼 기뻐하고
　　　잘못은 누구 지적도 고치기를 서둘렀다

　　　선생이 별세하자 제자들이 모였다
　　　우리가 대한 모습 논어처럼 남기자며
　　　그 스승 그 문하생들 전한 향기 질박하다
　　　　　　　　　　　　　－「퇴계언행록」전문

　「안동향교」는 단시조 맛을 낸다. 임인 이월 초사흘 안동향교 대성전 문선왕 아래 성인 셋 현자가 스물 둘, 이라고 담담히 읊조리다가 첫 배움 석전대제에 들이닥치는 찬 바람을 두고 회초리라고 본다. 찬 바람을 통해 회초리를 절감하였으므로 석전대제의 예법은 한층 격상된 셈이다.
　「그날의 물집」은 퇴계 선생 귀향길 오십 리를 걷던 날 도산서당 십 리 두고 발병난 경험을 들려준다. 발바닥 헤집는 물집을 살피며 곧 물집이 가르침이구나 하고 깨닫는다.
　또 한 편 「퇴계언행록」을 읽는다. 퇴계 선생은 사람을 대할 때는 온순하고 공손했고, 뜻이 통하면 환하게 마음속을 드러내고 남에게 자신을 낮추며 묻기를 좋아했다. 자기주장 버리고 바른 의견 따랐고, 남의 선행 만나면 제 일처럼 기뻐하면서 잘못은 누구 지적도 고치기를 서둘렀다고 한다. 동방의 주자로 불렸던 걸출한 위인인데 의외로 소박하다. 선생이 별세하자 제자들이 모여서 우리가 대한 모습 논어처럼 남기자며 각자 언행록을 써서 책을 묶는다.

    서재 한쪽 이스탄불 알렉산더 두상은
    사자 갈기 떠올리는 머리칼이 압도한다
    점령지 주요 거리에 세웠다는 그 표상

    수컷 사자 모두가 제왕인 건 아니다
    3퍼센트 극소수만 그 자리에 오른다
    억센 힘 검은 갈기가 일으키는 카리스마
                    -「알렉산더 두상」 전문

    북방으로 휩쓸린 서릿발 위에서도
    청포 입고 백마 탄 초인을 기다리다

    오페라
    그 한 개의 별
    눈물 속에 데자뷔
                    -「264」 전문

「알렉산더 두상」은 서재 한쪽에 놓인 이스탄불 알

렉산더 두상에서 사자 갈기 떠올리는 머리칼이 압도하는 것을 눈여겨본다. 점령지 주요 거리에 세웠다는 그 표상이다. 그러다가 문득 수컷 사자 모두가 제왕이 아님을 생각한다. 통계적으로 볼 때 3퍼센트 극소수만 그 자리에 오른다. 그러면서 억센 힘 검은 갈기가 일으키는 카리스마에서 알렉산더 대왕(B.C356~B.C323)을 떠올린다. 이 작품은 알렉산더 대왕과 수컷 사자를 동시에 등장시켜 대장부의 풍모를 은연중 꿈꾸게 한다.

이제 역사를 거슬러 내려와서 한반도 땅 인물 이육사를, 단시조 「264」를 통해 다시 읽는다. 알렉산더 대왕과 독립투사 이육사 시인을 비교 고찰하고자 하는 의도는 전혀 없다. 그러나 함께 읽는 것은 의미가 있을 것이다. 북방으로 휩쓸린 서릿발 위에서도 청포 입고 백마 탄 초인을 기다리다 오페라 그 한 개의 별이 눈물 속에 데자뷔 되고 있다. 굳이 수인번호 264를 제목으로 삼은 까닭도 깊이 헤아릴 일이다.

6. 생명을 향한 생태학적 사유의 세계

우리를 둘러싼 환경이 오늘의 우리를 만든 것이나

다름없다. 그렇기에 환경에서 한시도 자유로울 수가 없다. 지배를 받는다. 여기서는 생명을 향한 생태학적 사유가 어떻게 펼쳐지고 있는지 살펴보려고 한다.

    어둠 속 후다닥 피아노에 들이박다
    쿵! 아야얏, 잊을 때쯤 허벅지는 푸르딩딩

    달포를 비친 핏빛이
    서녘 하늘에 어린다
                                                  -「멍」 전문

    슥! 스치고 지나가도 엄지의 등을 베니

    백지도 수틀리면 존재감 드러낸다

    연약한 가운데 숨은 예리의 그 결기!
                                                  -「종이」 전문

 「멍」은 일상에서 겪곤 하는 일이 소재다. 화자는 어둠 속에서 후다닥거리다가 피아노에 들이박히고 만다. 쿵! 아야얏, 하다가 그 일을 잊을 때쯤 허벅지가 푸르딩딩해진 것을 알게 된다. 그런데 그것으로 그쳤다면 일단 일단락될 터인데, 문득 공간 이동을

하여 달포를 비친 핏빛이 서녘 하늘에 어린다, 라고 표현하는 순간 미학적 성취에 닿는다. 즉 나의 상처가 서녘 하늘의 빛깔과 동일시된 것이다. 일찍이 조동일이 말한 그대로 자아의 세계화, 세계의 자아화가 이루어진 순간이다. 「멍」은 평이한 일상이 발전하여 시의 경지에까지 도착한 한 모델이 될 법하다. 그런 점에서 「멍」은 인상적이다.

「종이」 역시 다친 이야기를 제시하고 있다. 슥! 스치고 지나가도 엄지의 등을 벤 사건을 통해 백지조차도 수틀리면 존재감을 드러낸다는 사실을 부각한다. 백지장도 맞들면 낫다는 말이 연상된다. 연약한 가운데 숨은 예리의 그 결기를 놓치고 살 때가 많은 만큼 주의를 요한다. 더불어 선 줄로 생각한 자 넘어질까 조심하라, 라는 경구까지 떠올리게 된다. 「종이」를 통해 세상에 하찮은 것은 아무것도 없다는 사실을 깨닫는다.

> 시멘트 아스콘 아스팔트 콘크리트
> 도시는 내 머리를 포장으로 가둔다
> 노천이 사라져야만 살기 좋은 곳이란 듯
>
> 내 잘못은 이따금 뿌연 먼지 날리고

비 오면 흙탕물 만드는 게 전부인데
억울해!
버리는 것도 성에 안 차 생매장인가

햇빛을 보고 싶어
빗물이 그리워
보듬어 한 생명을 키우고 싶은데
용케도 숨구멍 틔운 싱크홀이 부러울 뿐
         ㅡ「흙의 하소연」 전문

심혈관 운동이 수명을 연장한다
의사 왈 심장의 박동에만 좋을 뿐
운동에 그 많은 시간 낭비하지 마세요

오래 살고 싶다면 낮잠을 즐기세요
토끼는 늘 뛰지만 육년밖에 못 살고
느릿한 그 거북이는 백년 넘게 살잖소

운동이 부족한 나에게 솔깃한 말
내 그럴 줄 알았지 수명도 몸보다 마음
그 주장 근거 없다니 보약일까 게으른 게
         ㅡ「수명 연장 가설」 전문

 「흙의 하소연」을 들어보자. 시멘트 아스팔트 콘크리트 아스콘, 이런 것들이 함축된 도시가 흙의 머리를 포장해서 가두어 버린다. 원치 않는 일이지만 인간의 필요성에 의해서 그렇게 된 것이다. 화자는 여기서 노천을 거론한다. 노천이 사라져야만 살기 좋은 곳이란 듯이, 가 그것을 잘 말해준다. 그래서 흙은 생각에 골몰 중이다. 내 잘못은 이따금 뿌연 먼지 날리고 비 오면 흙탕물 만드는 게 고작이라는 것이다. 이런 내게 이렇듯 야멸차다니, 도무지 이해할 수 없다는 것이다. 하여 너무해! 라고 질타한다. 이어서 버리는 것이 성에 안 차 생매장인가, 하고 말한다. 그러다가 햇빛을 보고 싶어, 빗물이 그리워, 라고 중얼거리며 보듬어 한 생명을 키우고 싶은 마음을 진솔하게 표출한다. 그때 흙은 보았다. 용케도 숨구멍 틔운 싱크홀이다. 그 싱크홀이 부러울 지경이라면 더 무엇을 말하랴. 이처럼 「흙의 하소연」은 생태학적 시각으로 생명의 근원이나 다름없는 흙이 겪는 고통을 실감 나게 노래하고 있다.

「수명 연장 가설」은 건강에 관한 시편이다. 심혈관 운동이 수명을 연장한다는 가설이 있는데 의사가 말하기를 심장의 박동에만 좋을 뿐이니 운동에 그 많은 시간 낭비하지 말라고 한다. 또 오래 살고 싶다면 낮잠을 즐기라는 말이 있는데 토끼는 늘 뛰지만 육 년밖에 못 살고 느릿한 그 거북이는 백 년 넘게 사는 것을 생각한다. 이런 이야기는 운동이 부족한 화자에게 솔깃한 말이다. 결국 수명도 몸보다 마음이라고 생각하면서 그 주장 근거 없다니 게으른 게 보약일까, 라고 되뇐다. 누구든지 건강한 장수를 꿈꾸는데 「수명 연장 가설」을 통해 무언가 각자 느끼는 것이 있을 것이다.

    용지봉 걷기 동산 어둠이 내린다

    풀숲에서 부스럭
    모골이 송연한데

    맨발의 들고양이가 벗은 내 발 바라본다
                                        ー「유유상종」 전문

    토요일
    하동의 세작이 찾아왔다

    연두 봄이 이제는 여름으로 간다는데

    참새의
    혓바닥 크기로
    부드러워지고 싶다

                    −「작설」 전문

    창문을 활짝 열면 작은 새들 음악회
    용지봉 자락에서 새 아침 찬양하며
    청아한 고음역으로 주변을 파고든다

    평화를 전했으니 조심스레 날개 펼쳐
    삼삼오오 짝을 지어 봄날을 가르며
    그렇게 하늘 운동장 자유를 질주한다
                       −「하늘 운동장」 전문

「유유상종」 초장과 중장은 용지봉 걷기 동산 어둠이 내릴 때 풀숲에서 부스럭하는 소리에 모골이 송연해진 정황을 노래한다. 두려워 몸을 옹송그릴 정도로 오싹한 느낌이 든 것이다. 하지만 다른 들고양이였다. 그 맨발의 들고양이가 벗은 화자의 발을 바라보는 것을 예의주시한다. 둘 다 혼자이고 맨발이다. 그 야말로 유유상종이다. 그 순간 서로가 친구가 될 수 있다. 내밀한 교감이 일어났기 때문이다. 사소한 일이 이렇게 의미 있게 다가온 까닭은 이 시조가 간명하기 때문이다. 간결한 화법으로 독자를 안온한 분위기 속으로 이끈다.

  「작설」 역시 일상의 노래다. 토요일 하동의 세작

이 찾아왔다. 연두 봄이 이제는 여름으로 간다는 즈음 화자는 자신의 삶이 참새의 혓바닥 크기로 부드러워지고 싶다, 라는 소박한 바람을 들려주고 있다. 이루기 어렵지 않은 희구다. 그럴 연대에 이르렀기에 그 소망은 일상이 되리라 생각한다.

「하늘 운동장」은 동심이 잘 담겨 있다. 창문을 활짝 열면 작은 새들 음악회 용지봉 자락에서 새 아침 찬양하며 청아한 고음역으로 주변을 파고든다, 라는 첫수는 담백한 한 문장이다. 일상의 아름다움과 설렘이 그대로 묻어난다. 평화를 전했으니 조심스레 날개 펼쳐 삼삼오오 짝을 지어 봄날을 가르며 그렇게 하늘 운동장 자유를 질주한다. 이럴진대 그 누구도 그들을 다치게 할 수 없다. 온전히 지켜져야 할 자유의 영역이다.

7. 담백·단아·진솔

지금까지 본 것처럼 송의호 시인의 시조 세계는 담백하고 단아하면서 진솔하다. 가족과 당대를 향한 사랑을 노래한 그의 서정 세계는 웅숭깊어서 잔잔한 감동을 안긴다. 누구든지 쓸 수 있지만, 아무나 쓸 수 없는 그만의 리얼리티 즉 실재성 세계를 내밀히 천착한 알곡의 집결체가 이번 시조집 『무장해제』이다. 그러므로 그의 인생 역정이 고스란히 담겨 있다. 그런 까닭에 그의 자화상이라고 말해도 좋을 듯하다. 시인의 인품과 사상과 인생관이 곳곳에 별빛처럼 반짝이고 있기 때문이다. 널리 읽힐 것이다. 세월이 가도 그 빛이 조금도 바래지 않을 것이다.

  이번 작품집을 발판으로 더욱 빛나시기를 마음 깊이 기원하며, 크게 경하를 드린다.

시조집 발간에 부치는 글

아름다운 성숙

  내가 거의 매주 빠지지 않고 수락산을 오른다는 건 알고 있지? 그때마다 어느 지점에 이르면 멀리 보이는 북한산과 도봉산의 아름다운 산세에 감탄하게 되는데, 그럴 때면 언제부턴가 거기에 친구의 모습이 겹쳐 떠오르더군.

  입사 동기로 함께 근무하다가 내가 훨씬 앞서 2005년에 그만두면서 그때부터 친구의 모습이 나에게 새롭게 다가오게 되었다고 하는 것이 맞겠지? 같은 울타리 안에서 지낼 때보다, 멀리 떨어져 가끔 접하게 되는 소식이 늘 참으로 열심히 사는 친구라는 인상을 주었다네. 기자 생활로 바빴을 텐데도 배우는 자세를 놓지 않고 박사 학위까지 받아 퇴직 후 학계로 진출했으니, 그것 하나만으로도 나의 찬사를 듣기에 충분하다네. 그런데 이번에는 시조 시인으로 첫 시집까지 낸다니, 정말 아름다운 성숙이 따로 없네.

  그것만이 아니지. 10년 전에는 청량산을 수십 차례 오르내리며 발로 뛰어 『청량산엔 인문이 흐른다』

는 책을 냈고, 지금은 도산서원에서 틈틈이 문화해설사 활동까지 하고 있다니, 그저 그 열정이 부러울 따름이네.

사람의 마음은 습관적으로 하는 생각에 따라 결정된다고 하잖아. 바로 친구를 두고 하는 말인 것 같네. 어릴 때 증조할아버지께서 서당을 운영하셨다니, 어떤 생각이 친구의 마음을 지배하게 되었는지는 물어볼 필요도 없겠지? 앞의 책을 쓰기 위해 청량산을 오르내릴 때에는 또 어떤 생각을 했겠는가? 거기에 많은 흔적을 남긴 조선의 퇴계 이황, 신라의 김생과 최치원, 그리고 이육사 시인의 삶에 대한 생각뿐이지 않았을까? 친구는 지금 그런 활동을 통해 나이 들면서 오히려 자신의 가치를 크게 높여가고 있는 것 같네.

말과 행동의 일치보다 말과 생각의 일치가 훨씬 더 어려운 일이라 생각되는데, 친구는 언제나 말과 생각이 같았어. 그래서 머릿속에 따로 무슨 생각을 굴리고 있는지 궁금해할 필요도 없었고, 따라서 대하기가 아주 편했다네. 그릇된 길로는 억지로 밀어 넣어도 들어가지 못할 성품이잖아. 마음의 결 자체가 아주 곧으니 말일세.

나는 친구의 지향점을, 작품 중에서 '퇴계언행록'에서 찾고 싶네. 감히 퇴계의 경지를 목표로 잡고, 그 목표를 이루는 길은 바로 그 목표대로 행동하는 것이라는 진리를 깨닫고 그것을 실천하고 있는 것 같네. '사람을 대할 때는 온순하고, 뜻 통하면 환하게 마음속을 드러내고…' 어찌 그 높은 경지에 이를 수 있겠냐마는 조금이라도 더 가까이 다가설 수 있기를 바라며, 또 좋은 소식 기다리겠네.

가을에 같이 청량산을 오르기로 했지? 그때 미슐랭 가이드가 유일하게 별점을 매겼다는, 도산서원에서 봉화 거쳐 태백까지 35번 국도를 같이 드라이브해 보고 싶네.

2025년 여름
정명진
(도서출판 부글북스 대표, 전 중앙일보 문화부 기자)

무장해제

초판 1쇄인쇄 2025년 9월 3일
초판 1쇄발행 2025년 9월 5일

저　　자　송의호
발행인　박지연
발행처　도서출판 도화
등　　록　2013년 11월 19일 제2013-000124호
주　　소　서울시 송파구 중대로34길 9-3
전　　화　02) 3012-1030
팩　　스　02) 3012-1031
전자우편　dohwa1030@daum.net
인　　쇄　(주)유진보라

ISBN | 979-11-92828-95-4 *03810
정가 12,000원

문학저널은 도화출판사 자회사입니다.
잘못 만들어진 책은 교환해 드립니다.
저자와 출판사의 허락 없이 책의 전부 또는 일부 내용을 사용할 수 없습니다.

도화道化, fool는
고정적인 질서에 대한 익살맞은 비판자,
고정화된 사고의 틀을 해체한다는 뜻입니다.